TESTIMONIO FIEL

Por:

Elis Brown

Para realizar pedidos de este libro, contacte con:
Palibrio LLC
1663 Liberty Drive
Suite 200
Bloomington, IN 47403
Gratis desde EE. UU. al 877.407.5847
Gratis desde México al 01.800.288.2243
Gratis desde España al 900.866.949
Desde otro país al +1.812.671.9757
Fax: 01.812.355.1576
ventas@palibrio.com
661308

ÍNDICE

Testimonio Fiel

Capítulo I
"El Padre y El Hijo"

El día 19 de mayo de este año, cumplí mis cuarenta primaveras. Nunca he negado mi edad y no comenzaré ahora, al contrario, no sé por qué pero me gusta decir que cumplí cuarenta. Me agrada pensar que, así como el pueblo de Israel, vagó cuarenta años por el desierto; antes de conquistar la tierra que Dios había prometido darles, para mí también terminó el tiempo de vagar, el "desierto" quedó atrás y ha llegado el momento de entrar en la tierra prometida que tanto he anhelado.

Yo crecí en la ciudad capital de mi país. Soy la cuarta, entre cinco hermanas y un hermano. Mis padres, gente pobre y sin preparación académica siempre se esforzaron para que nosotros, sus hijos tuviéramos el valioso pan del saber que ellos no tuvieron. Mi madre y mi padre provenían de diferentes zonas del país: Mamá es originaria de un remoto pueblecito del sur y papá, de la zona costera del norte. Ambos se conocieron en una ciudad pujante; donde conseguir trabajo era mucho más fácil que en sus pueblos natales. Aunque llegaron por caminos muy distintos, su propósito era el mismo; el de buscar un mejor futuro para sí mismos. Ninguno de los dos fue en busca del otro, sin embargo; la vida se encargó de presentarlos y unirlos en un mismo camino. Aunque en aquellos tiempos (1967) era muy poco usual ver una pareja como ellos, pues mi padre es negro, perteneciente a la etnia Garífuna; y mi madre es blanca. Al principio de su relación fue muy difícil para ambos, pero hoy; después de 46 años de matrimonio siguen juntos y continúan siendo una pareja excepcional. Al final las diferencias raciales y culturales nunca fueron suficientes como para separarlos.

La historia de amor de mis padres es muy bonita, creo que es hasta inspiradora. Pero esa es una historia que tal vez escriba más adelante. Por ahora solo compartiré estas breves líneas anteriores, ya que son necesarias para ilustrar un poco quien soy y de dónde vengo.

Soy mestiza, "mulata"; hija de negro con blanca. Soy una mujer contenta con migo misma, me agrada ser quien soy. Pero no siempre me sentí así; mi infancia no fue nada fácil.

En el año de 1978 nos trasladamos de aquella ciudad donde se conocieron mis padres, nos vinimos a vivir al Distrito Central, la ciudad capital; aquí vivía y aún vive la mayor parte de mi familia materna. Mi padre y nosotros, sus hijos mestizos siempre hemos tenido muy buena relación con la familia de mamá. Sin embargo también teníamos claro que había alguna diferencia . . . la misma diferencia también existía respecto a la familia paterna. Por lo que a mí respecta siempre puse mucha atención a algunos comentarios racistas, que para mí, siendo una niña eran muy hirientes. En aquel tiempo ser mulata, para mí a veces era triste. Pero eso no era lo más malo de ser Yo. Para mí lo peor era que mis padres discutían mucho porque papá bebía demasiado y aunque nunca nos maltrató física ni verbal mente; las continuas discusiones y desacuerdos con mi madre, y por si fuera poco, a pesar de que a partir de 1983, nos mudamos a vivir en nuestra propia casa; la situación económica era bastante difícil.

Cuando llegué a la adolescencia cargaba con muchos complejos de inferioridad, era muy introvertida, me sentía como algo anormal y fea. Pensaba que nunca ningún muchacho se enamoraría de mí.

Éramos seis hijos en casa, todos con necesidades y conflictos diferentes. Mi conflicto en particular era que pensaba mucho en lo que era mi vida y como sería mi futuro. No quería la misma vida que veía que tenían mis padres; detestaba la pobreza y todo lo que me rodeaba, me desalentaba y me frustraba tanto el solo hecho de pensar que no tenía muchas oportunidades de aspirar a algo mejor. Deseaba morir, en verdad lo deseaba y comencé a acariciar la idea de suicidarme. Nunca nadie lo sospechó, poco a poco esos pensamientos fueron tomando vida y voz propia dentro de mi cabeza, al punto que me decía; que, como, cuando y donde hacerlo. Esa voz se hacía más fuerte por las noches, cuando todos nos acostábamos y se apagaba la última luz: *"Levántate, ya todos duermen, ve a la cocina, toma el cuchillo y córtate las venas, la del cuello; será rápido, no te dolerá mucho, solo te dará sueño, dormirás y todo habrá terminado. Hazlo, hazlo ya, hazlo . . .".* Insistía aquella voz.

Por más de un año, esa voz me atormentaba todas las noches. Una de esas noches yo pensé que no, que no podía hacer eso pues mi madre sufriría mucho por mi muerte. Entonces la astuta voz me dio una "solución"; comenzó a decirme que antes de matarme yo, matara a mi madre, de esta manera, ella no sufriría por mí; o mejor aún, que matara a todos en casa y por último a mí misma. Eso sí me asusto y me pareció horroroso.

Ahora comprendo que mi vida, en realidad no era tan terrible, ni mi futuro tenía que ser tan malo como yo me lo imaginaba. Pero mi mente dio cabida al diablo para que me atormentara y atemorizara como lo hizo, yo misma sin saberlo le di la autoridad y le presté la atención suficiente para que casi lograra aniquilarme y acabar con el plan y diseño de Dios para mi vida. Pero no lo logró, Dios puso una chispa de fe en mí, la cual bastó para derribar aquella fortaleza de terror que, con mi propia ayuda, el diablo construyó en mi mente.

Cuando yo tenía trece años, una de esas noches de tormento, en cuanto se apagó la última luz; comencé a orar. Pero, ya que yo era muy intelectual y no tenía ninguna prueba concreta de que en realidad existiera Jesucristo, y si acaso fue real. Tampoco me constaba que hubiese muerto y resucitado, es decir no creía que en realidad fuese Dios, El Hijo de Dios. Así que me limité a hablar con Dios Padre, pues en El sí creía; ya que afortunadamente mis padres siempre nos hablaron de que existía un Dios Creador, Todopoderoso, que nos ama y nos protege y que debíamos tener fe en El. No recuerdo exactamente cuál fue mi oración esa maravillosa noche, pero sí le pedí a Dios que me ayudara, que deseaba dormir tranquila, sin el temor por aquella voz que al principio no me causaba tanto espanto como en ese momento; pues me parecía que de repente iba a tener tal poder, como para obligarme a matar a todos y luego a mí misma:

Quítame Dios este temor y ayúdame a lograr un buen futuro para mí y para mi familia. Yo no quiero hacerle daño a nadie, mucho menos a mis padres; por favor ayúdame. Ese fue mi clamor. No supe que paso en ese momento, pero de lo que si estoy segura es que de repente me encontré en un lugar donde solo estábamos Él y Yo. Sí, El Señor Jesucristo, el mismo del que yo no estaba segura de que fuese Dios. El escuchó mi oración y me respondió inmediatamente. No fue necesario que me hablara, no vi su rostro, pero si vi su cabello como de un color rojizo; vi sus pies y una de sus manos, tan bella como solo pueden ser las manos de Dios. A partir de ese momento supe, y solamente lo supe, que Él me ama, que está conmigo; y el dejarse ver por mí fue la promesa de que nunca me abandonaría. Sentí su infinito amor, su perdón y aquella voz que me atormentaba todas las noches, se apagó para siempre. Desde entonces creo en Jesucristo, como mi salvador, porque realmente lo conocí y me salvó. No he vuelto a dudar de que Él sea el hijo de Dios.

Mi vida comenzó a cambiar desde esa noche. Muchos años después comprendí que fui llevada en el espíritu delante de su presencia. No fue una visión ni un sueño. Fue real, como Él es real.

Esa fue la primera experiencia sobrenatural, que tuve con El Señor; al menos que yo recuerde. Después de eso comencé a buscar más de Dios pero se me hacía difícil, pues mis padres eran "un poco" católicos, esa era la iglesia que de vez en cuando visitábamos, y no estaban de acuerdo en que fuéramos a cultos evangélicos. A mí no me gustaba la iglesia católica, nunca me gustó, no entendía las misas, ni los rezos; me parecían monótonos y aburridos. En fin, nunca sentí algo especial, como que no me dejaban nada, eran vacíos. Por otra parte, tampoco me atrevía del todo a pertenecer a una iglesia evangélica, porque sabía que los evangélicos no iban a fiestas y le andaban diciendo "Dios te bendiga" a todo el mundo. Además se vestían muy puritanos, así que, no me decidí por ninguna, ni católica ni evangélica; pero creía en Dios y en Jesús y eso ya hacía una gran diferencia en mi vida. Por muchos años estuve así, tibia. Hasta el año 1995 cuando me fui de casa de mis padres. Y comencé a vivir según mi voluntad.

En 1994 conocí a quien hoy es mi esposo, nuestro noviazgo duró poco, pues pronto me fui a vivir con él, no nos casamos, sino doce años después. Al principio, a pesar de todas las situaciones incorrectas; estábamos enamorados y eso hacía que todo pareciera una hermosa y excitante aventura. Yo tenía 21años y el 30. Él era completamente independiente; tenía su propio negocio y su casa, además estaba por graduarse de abogado. Afortunadamente, nunca tuve que pasar por los aprietos económicos que pasan muchas parejas que recién se juntan o se casan para formar una familia. En casa de mis padres también tenía todo lo que necesitaba y mi madre pagaba mis estudios. Pero yo quería ser libre. Ya no quería que nadie me mandara.

En octubre de 1995 quedé embarazada, mi hijo nació el 5 de julio de 1996. Mi primogénito, sano, fuerte y hermoso; no parecía un recién nacido, tuvieron que practicarme una cesárea porque, no solamente era un bebé muy grande para mi cuerpo; sino que además, el cordón umbilical estaba enrollado alrededor del cuello del bebé. Así nació mi hijo y lo llamamos Andrés, como su padre.

Cuando conocí a Andrés, cuando ambos estudiábamos en la Universidad Nacional, él derecho y Yo Letras; deseaba especializarme en literatura, me fascinaba y deseaba ser escritora, soñaba con ser una gran novelista, hasta que me di cuenta que en mi país es extremadamente difícil sobresalir en cualquier arte, más en literatura y mucho más en el género novelístico.

Mi relación con el padre de mi hijo iba de mal en peor, él ya se había graduado de licenciado en derecho, ya no tenía su negocio propio; sino que al graduarse lo había cerrado definitivamente, para dedicarse por completo a ejercer su carrera de abogado. El aceptó un trabajo en otra ciudad; era una muy buena oportunidad profesional para El. Pero mi hijo y yo no lo acompañamos, yo no quería interrumpir mis estudios; o al menos esa fue mi excusa. Para mí, las frecuentes aventuras de Andrés, ya no eran novedad. Yo estaba segura de que, entre él y yo, todo terminaría de un momento a otro y como regresar a casa de mis padres no estaba en mis planes; lo más prudente era que me preparara para ese momento y buscara un trabajo, por eso decidí darle otro giro a mi carrera y me trasladé a una Universidad cuya especialidad son las carreras docentes, en la que me graduaría de maestra de español para secundaria.

Dios siempre puso personas cristianas en mi camino, compañeras de la universidad y amistades con las cuales compartíamos sobre las experiencias en nuestras vidas que nos llevaron a buscar la ayuda de Dios y a aceptar a Jesucristo como nuestro Salvador.

En el año 2002, después de asistir a un retiro espiritual, al que me invitó Angie, mi hermana mayor (QDDG), me bauticé en una iglesia evangélica pentecostés y no volví a alejarme del camino de Dios; a partir de ese momento, siempre a donde voy, busco congregarme. Muchos cambios espirituales en mi vida y en mi casa comenzaron a partir de entonces. No me separé de mi esposo, con muchas dificultades en nuestra relación, pero seguimos juntos.

En el año 2003 me gradué. Mi título dice:" Maestra de Educación Media En El Grado De Licenciatura, Con Especialidad En Lingüística". Me parece que es un título muy extenso para lo poco que le he sacado provecho hasta el día de hoy. Ese mismo año, 2003, el 26 de diciembre nació Fiorella, mi hija. El regalo más dulce que mi Dios me ha dado. Con mi primogénito fui muy severa y autoritaria. Cuando mi hija nació sentí que Dios me dijo: "Quiero que aprendas a ser más amable, más suave y amorosa, para que tu hija, también lo sea." Pero en realidad, creo que mi hija nació siendo así y es a través de ella que Dios me ha enseñado; y poco a poco me ha cambiado. Ya no soy tan dura y autoritaria. El amor de Dios a través de mis hijos me ha cambiado para bien. La gloria es del Señor.

En junio del año 2008, Andrés y Yo nos casamos. Yo estaba embarazada de nuestro tercer hijo. En octubre de ese mismo año, nació Salomón. Un bebe único, con un gran testimonio desde antes de ser puesto en mi vientre. Todo un varón de Dios.

A veces me pregunto, qué hubiera pasado si mis pensamientos suicidas se hubieran concretado. Lo más probable es que ya no estuviera en este mundo, pero ¿Dónde estuviera? o peor aún, si también hubiese acabado con la vida de mi madre o de alguien más en mi familia; o si simplemente Dios no se hubiera apiadado de mí y no me hubiese llevado a su magnífica presencia aquella noche. Si no le hubiese conocido . . . Y si aquella voz satánica me siguiera atormentando. Creo que por lo menos estaría en un hospital de enfermos mentales. Jamás sería quien soy ahora si no hubiese conocido a Jesucristo, aquella noche cuando en medio de mi desesperación y pánico, clamé al padre y me respondió el hijo. Alabado sea su nombre.

¿Quién soy ahora? Pues soy una mujer cristiana que trata cada día de agradar primeramente a Dios, pues Él es mi gran amor. Mi mejor ocupación, ser madre. Mi mayor tesoro, mi familia. El mejor hombre que he conocido, mi esposo. La persona más amable, respetuosa y honorable que he conocido, mi padre. La mujer más fuerte e inteligente que he conocido, mi madre. Mi más hermoso recuerdo, mi hermana Angie. Mi gran sueño, evangelizar a mi país. Mi gran empresa, escribir por lo menos una novela y mi imposible, no existe pues . . . (Como dice Filipenses 4:13) "Todo lo puedo en Cristo que me fortalece."

Estimada hermana o hermano, que me concede el honor de leer mi testimonio, le doy muchas gracias y espero que algunas de mis vivencias puedan de alguna manera, aportar algo nuevo y positivo para su vida secular y especialmente para su vida espiritual. Puede parecer que algunas anécdotas que aquí narro son pura ficción, pero no es así. La vida espiritual es mucho más activa y real que lo material que podemos ver y tocar. Le ánimo a creer en el Dios real que en verdad desea tener una relación personal con cada una de sus creaturas, para poder conversar de todo, no solo de nuestros problemas, sino también de cosas aparentemente sin importancia, pero que nos hacen saber que somos especiales para El. Que él es Dios pero también es una persona y sobre todo, que es nuestro padre. A Él sea la honra y la gloria por siempre.

Capítulo II

"El Llamado"

El año que nació mi hija, 2003, también fue el año en que me gradué. Al año siguiente como era de esperarse comencé a trabajar. Tuve la bendición de conseguir muy buen trabajo en uno de los mejores colegios privados de la ciudad y además, era una institución cristiana.

Desde antes de graduarme, yo sabía que la docencia no era mi vocación. Sin embargo, cursé y aprobé todas las asignaturas, sin imaginarme que el ejercicio de esa profesión se convertiría en un calvario, que cada día me haría sentir más frustrada.

Dos meses duré en ese empleo, falté varios días, me enfermé y opté por renunciar, sin más, no sabía qué hacer, ni que pensar. Sabía que llegaría el momento en que debía tomar una decisión definitiva al respecto, pero lo evitaba. Así llegó el siguiente año escolar. Mi esposo me animó a que concursara para optar a una plaza de educación pública y lo hice. Aprobé el examen con 94%.

Mi esposo a través de un amigo, logró conseguirme un trabajo en un colegio público; que es donde se supone que es el mejor lugar donde puede laborar un maestro, en nuestro país, ya que los beneficios laborales, prestaciones y jubilaciones, son las mejores de todos los gremios profesionales. Todo mundo: amigos y familiares estaban alegres por mí, excepto yo misma.

El tiempo fue pasando, a duras penas logré trabajar todo el año 2005. Frecuentemente me enfermaba y faltaba a trabajar, o simplemente me sentía agobiada por todas mis obligaciones, tanto profesionales como personales. Las vacaciones me parecieron cortísimas. Y muy pronto, de nuevo me vi sumergida en un mar de responsabilidades que cada día me costaba más enfrentar.

Comenzando el 2006, sucedió un problema administrativo, en el colegio. A varios maestros en cuenta a mí, nos trasladaron temporalmente a cumplir nuestro horario laboral en las oficinas de la Dirección Estatal de Educación; mientras se solucionaban algunas diferencias entre la sub directora y el nuevo director, quien era alguien sin el requisito necesario e incompetente para dicho cargo. Pero el susodicho tenía muy buenas amistades dentro de las autoridades educativas y logró quedarse; así que, quienes no estábamos de acuerdo, fuimos temporalmente asignados, mientras esperábamos nuestro traslado hacia otro colegio. Por una parte, esa disposición, a mí me venía muy bien, porque además de no tener que dar clases, lo cual detestaba, el colegio me quedaba muy retirado; la Dirección Estatal, estaba mucho más cerca de mi casa.

Pasaron días, luego semanas y meses; y a mí no me trasladaban a ningún colegio, al resto de mis compañeros si les dieron nuevas plazas en otros colegios, solo quedamos dos, de seis que fuimos prácticamente expulsados de nuestro lugar de trabajo, legalmente adquirido; por no apegarnos a una ilegalidad. Aun así, es decir, aunque no tenía que planificar ni dar clases, aquello para mí era un martirio que ya no soportaba, tan solo el hecho de pensar que ser maestra era algo que haría hasta que me jubilara, literalmente me enfermaba, en verdad me enfermaba; sucedía con frecuencia, al punto que llegué a desear enfermarme de gravedad para tener la excusa perfecta para no trabajar.

Un día, comenzando el mes de septiembre de ese mismo año (2006), yo estaba muy enferma de la garganta; era un día martes. Fui donde el médico el cual me ordenó dos días de reposo, por lo tanto, me autorizó una incapacidad laboral por el mismo tiempo. Yo me sentí más enferma al darme cuenta que debía presentarme a trabajar el último día de la semana, el viernes. Regresé a mi casa deseando que la tierra se abriera y me tragara. Nunca antes había encarado con tanta claridad el hecho de que odiaba mi carrera, el asumirlo fue algo que me golpeó fuertemente. Que fracaso, pensé, que fracaso!!!. Y rompí en un llanto incontrolable, que no sabía desde cuando estaba conteniendo.

Estaba sola en casa, mi hijo mayor (10 años entonces) estaba en la escuela y la niña (3 años entonces) se quedaba en casa de mis padres mientras yo trabajaba. Lloré y lloré por un largo rato, tendida en mi cama hasta que me quedé dormida. Y soñé, el sueño más maravilloso que he tenido en mi vida: Soñé que estaba en un lugar fuera de este mundo, solo puedo creer que era el cielo, porque la presencia de Dios lo llenaba todo. "El cielo de ese cielo" era El Rostro de Dios. Yo podía sentirlo en todo mi ser, que me llenaba y me daba tanta paz y felicidad, como sólo Dios puede darlas, Él me sonreía, lo sentí tan amoroso y contento con migo: "Bienvenida, por fin entendiste", me dijo; y comprendí que se refería a que Él no me creo para ser maestra, sino para otro propósito, pero me dejó estudiar, ya que sabía que yo deseaba realmente ser una mujer profesional. Pero el propósito para el cual Él me creo, era otro, y comenzaría a inquietarme a partir de ese sueño tan hermoso que cambió el rumbo de mi vida para siempre.

En aquel lugar, debajo del rostro resplandeciente del Señor, había un rio; yo estaba parada en medio de las aguas más cristalinas que se puedan imaginar, podía sentir en mis pies descalzos la agradable sensación de la blanca y suave arena, que se hundía y rodeaba mis pies a cada movimiento; de pronto mis hijos estaban allí con migo y en las aguas había peces de todos colores que se dejaban acariciar por nosotros al igual que las mariposas que revoloteaban alrededor nuestro, como celebrando que estuviéramos allí, Y si Él estaba alegré, todo allí lo estaba. Todo tenía vida con Él, su misma pureza, su misma frescura su mismo incomparable amor. El agua que corría alrededor de mis pies y llegaba no más arriba de la rodilla, me provocaba el inmenso deseo de beber y beber, hasta saciar la gran sed que repentinamente sentí, pero cuando me dispuse a tomarla desperté.

Al día siguiente, mis problemas seguían allí con migo, no solo los de trabajo sino también todos los que tenía con mi marido, en ese tiempo aun no nos habíamos casado. Para mí todo, irremediablemente, apuntaba a que un día no muy lejano nos separaríamos y lo mejor para mí era prepararme para ese momento, sobre todo económicamente. Sin embargo, después de ese sueño ni siquiera la amenazante posibilidad de convertirme en madre soltera, me inquietaba. Muy dentro de mí sabía que mis hijos y yo, e incluso mi marido inconverso; estábamos en manos de Dios y sólo sucedería lo que El permitiera. Y eso sería bueno para mí y para mi familia. Por más de dos semanas anduve como anestesiada, nada me alteraba y sentía que tenía más amor por la vida, por mis seres queridos y en general por todas las cosas buenas que me rodeaban. Aunque yo no comprendía que me estaba pasando y mucho menos que pasaría en los días siguientes. Decidí no volver a mi trabajo. Lo abandoné, eso sucedió el día miércoles 7 de septiembre del año 2006.

Poco a poco fui recordando que desde que tengo uso de razón, siempre tuve sueños un tanto extraños, a veces veía o escuchaba cosas . . . o presentía lo que pasaría y de hecho, pasaba. En fin, comencé a sospechar que Dios me quería para algo; algo que tenía que ver con todos esos sueños y visiones. Y yo me estaba negando porque no comprendía. Entonces comencé a orar y a pedirle a Dios que me ayudara a entender cuál es el propósito de mi vida.

Traté de explicarle a Andrés por qué dejaba mi trabajo, y aunque no entendió, afortunadamente no me juzgó mal. Creo que él pensó que pronto se me pasaría y retomaría mi carrera como maestra de secundaria, pero hasta hoy no ha sido así.

Hace 7 años comprendí que Dios me creo con un propósito, el cual no es ser maestra. El dinero que ganaba, por supuesto que a veces nos hace falta; pero la provisión de Dios, siempre está conmigo y mi casa. Nunca me ha desamparado, al contrario, ha habido prosperidad en mi hogar. Dios es Fiel.

Actualmente vivo en oración, me ocupo de algunos oficios de mi casa y de mis hijos, pero Dios me provee para pagar una empleada que me colabore con la mayor parte del quehacer doméstico. Así que buena parte del día y a veces de la noche me la paso en intercesión por las personas que

Dios me muestra en sueños, o que me piden oración, por alguna situación en particular a través de amigas o familiares que saben que trato de servir a Dios y a mi prójimo de esta manera. También estudio la palabra y a veces solamente alabo y adoro a mi Señor. Es precisamente en esos momentos cuando siento más fuerte su presencia. Otra de mis actividades es la escritura. Hoy, siete años después de buscar fervientemente el Rostro de Cristo, me he dado cuenta de que muchas cosas, que Él me va revelando, es necesario que las escriba, porque si no lo hago, luego; entre muchas otras, las olvido. O, a veces cuando Él me da una revelación, no es para ese momento sino para mucho tiempo después. Por eso es necesario escribirla, registrarla con fecha y la descripción más detallada posible.

Poco a poco, a través de sueños y visiones u otro tipo de revelaciones Dios me va guiando y el propósito para el cual Él me creo se va cumpliendo, así también el de mi esposo y mis hijos.

Me he congregado en varias Iglesias evangélicas, pero honestamente a veces me he alejado porque cuando comienzo a compartir las experiencias sobrenaturales, que son parte muy importante de mi diario vivir; no he logrado la orientación necesaria para poner al servicio de la congregación, lo que Dios ha puesto en mí; o simplemente no me creen. Aun así no dejo de congregarme, porque así nos lo manda El Señor en su santa palabra (Hechos 10:25).

Con la publicación de este breve testimonio de mi vida, se cerrará una etapa de mi vida en Cristo y se abrirá otra. Una que demanda más de mí y de mi familia. Para la gloria y la honra de Aquel que nos amó primero, digo con temor y temblor reverente: Heme aquí Padre, envíame a mi . . . Porque si he llegado hasta aquí, es sólo por tu gracia y misericordia que es nueva cada día. Guárdame de jactarme, pues todo lo haces Tú.

Gracias Señor por mi vida, por mi familia y por apartarme para tu servicio; pero sobre todo, gracias por tu gran amor y por ser mi salvador. Te Amo Mi Dios.

Capítulo III

"Espíritu Santo"

Mi recuerdo más hermoso, mi hermana Angie. Ella falleció el 16 de septiembre de 2007. Gracias a ella, pues Dios la uso para que no me sintiera tan sola y para ayudarme a entender que Él me estaba llamando a su servicio. Solo a Iris podía contarle con libertad lo que me pasaba, porque además de ser mi hermana biológica, éramos las mejores amigas la una de la otra, pero sobre todo, al igual que yo, ella conocía a Jesús y también había vivido muchas experiencias sobrenaturales, tanto con Dios como con el enemigo.

Angie murió de cáncer, un extraño cáncer que le comenzó como si fuera una hernia umbilical. Se la extirpaban quirúrgicamente y volvía a aparecer, cada vez más grande; hasta que la biopsia salió positiva por cáncer; luego se extendió internamente hacia uno de sus pulmones y el vaso; finalmente invadió su cerebro. Eso fue a medidos del año 2007. Pero meses antes, cuando estuvo con quimioterapia, nunca perdió el conocimiento, así que conversábamos mucho, orábamos y leíamos la palabra, fue con su ayuda que me adentré más en la oración y Dios me fue dando más y más revelación. Dios me usó para darle palabras de consuelo y fortaleza a mi hermana y después del triste y sombrío día en que El Señor se la llevó. El mismo me ha consolado, me ha revelado y me ha hecho entender por qué era mejor así.

Después de su partida comencé a tener tantos sueños, visiones y revelación a través de la palabra, que era abrumador: Por las noches me costaba dormir y cuando dormía, soñaba, guerreaba y no descansaba, me despertaba sintiéndome agotada. Si dormía durante el día (aun me sucede así) me daba la sensación de que lo hacía con los ojos abiertos y miraba ángeles, a veces miraba demonios; a veces es como si estoy dentro de una película donde yo soy la protagonista, otras soy un personaje cualquiera que solo está allí observando y nadie más me conoce, como si no me vieran ellos a mí, pero yo si los veo, escucho(a veces) hasta lo que piensan, siento su olor y a veces su dolor y cualquier otro sentimiento, como su alegría, su tristeza, etc . . .

En muchas de estas revelaciones hay alguien que se coloca a mis espaldas, que me acompaña. La primera vez que lo sentí y traté de darme la vuelta, Él me lo impidió, solamente me dejó ver, lo suficiente para saber quién era: Vi su hombro izquierdo y parte de su túnica blanca, detrás de mi lado izquierdo. Sucedió una noche normal, todos nos acostamos a dormir. De pronto sueño, pero estoy semiconsciente sin poder dormirme del todo y tampoco despertarme, mientras tanto algo sobrenatural se desarrolla; me levanto (en el sueño) de la cama donde en verdad estoy "dormida" en ese momento y me dirijo al baño que está en la puerta de al lado, pero me detengo cuando veo que hay un hombre extraño frente a la puerta de mi cuarto, sentí un poco de temor y quise gritar y retroceder, pero El que estaba con migo me fortaleció y ayudó a hacerle frente, y me hizo que le hablara; así que yo le pregunté ¿ Quién eres, que haces aquí?. El hombre no me contestó solo me miraba con odio, pero al mismo tiempo como impotente porque no se le permitió atacarme. ¿Cómo te llamas?, le pregunté, porque Él que estaba detrás de mí me decía que decir, pero me lo decía en una lengua que al escuchar, yo no entendía; así que El me daba la traducción en mi mente.

-Me llamo principado, me contestó aquel hombre.

Cuando me dijo eso yo comencé a hablar la lengua de El que estaba conmigo. Lo reprendí y entendí que le dije: Todo principado ya fue vencido en la cruz de calvario por Jesucristo Rey de Reyes y Señor de Señores . . . Estás vencido, estás vencido, le grité. El demonio se fue y yo desperté.

Por si fuera poco, ya despierta, me levanté y fui al baño como lo hice en el sueño; no vi ningún demonio y entré y salí del sanitario sin problemas, pero cuando iba a entrar en mi cuarto, miré hacia la sala en la cual había una ventana grande de vidrio y vi una gran cara demoniaca, con ojos como de fuego que hizo como si iba a traspasar la ventana para devorarme, pero el chocar con el vidrio se esfumó. Esa fue una visión y una confirmación de que el enemigo me estaba buscando para amedrentarme; pero El que estaba y está conmigo Es Mayor y más grande y poderoso que cualquier principado.

Al día siguiente, recordé la historia del día de pentecostés (Hechos 2:1-13), cuando muchos en toda aquella congregación, hablaron en lenguas porque fueron llenos del Espíritu Santo. Entonces entendí, que el Espíritu Santo también estaba conmigo.

De allí en adelante, cada vez que trataba de orar sentía que palabras extrañas querían salir de mi boca, pero no lo permitía. Tenía temor de hablar en lenguas y no entender lo que estaba diciendo. Quería apegarme a lo que dice la escritura en I Corintios 14:13 . . ."El que habla en lenguas, pida en oración para saber interpretarlas . . ." Y así, con ese temor, estuve por varios meses.

Después recordé que El espíritu santo ya había estado conmigo antes de aquella noche. Siempre fue en condiciones extremas, en varios de mis peores momentos; pero nunca habíamos hablado y tampoco me había dejado tan claro quién era Él, simplemente me lo hizo saber y yo sentí que en verdad lo era. Ahora que lo sé, no soy capaz de dar una cátedra de la diferencia entre El Padre, El Hijo Y El Espíritu Santo; pero por lo que he vivido, puedo decir que es El mismo Espíritu el que da el discernimiento, en el tiempo, el lugar y las circunstancias que El decida, porque El Es Soberano.

Capítulo IV

"Jonathan"

Una noche, comenzando el año 2007, tuve un sueño; soñé que estaba embarazada, y así fue, lo supe al final de ese mes. Luego, en un segundo sueño, vi a mi bebé como de un año y medio de edad; pero no podía pararse ni mover las piernitas. El me miró con tristeza y con su mente me dijo: "no me quieres porque no seré normal . . ."

Cuando supe que en realidad estaba embarazada, como lo había soñado, y luego; ese segundo sueño que me decía que algo vendría mal con el bebé. Yo pensaba que se cumpliría, así como se cumplió el primer sueño. Sabía que Dios me estaba hablando a través de ellos. Y lo siguió haciendo en un tercer sueño, en el cual vi y sentí como perdía a mi bebé: Me vi parada en la puerta de la casa donde vivía mi hermana Angie, pues ella trabajaba y vivía en un pueblo cercano a la ciudad, desde hacía unos 3 años. Andrés, mis hijos y yo, acostumbrábamos ir a pasar algunos fines de semana con Angie y sus hijos. De pronto.-en ese tercer sueño.—sentí un cólico muy fuerte en mi vientre y luego la sangre tibia y abundante que corría entre mis piernas.

Yo no estaba contenta con aquel embarazo, trataba de no pensar tanto en los sueños que tuve, pero no podía evitarlo. Además también pensaba mucho en mi situación con mi marido, pues en ese entonces aun no estábamos casados; teníamos 12 años de convivir en lo que secularmente se llama "unión libre" o "unión de hecho". Pero a los ojos de Dios, no es agradable; se llama fornicación y es pecado. Me sentía mal delante de Dios por vivir en pecado con el padre de mis hijos, sin embargo; no estaba segura de querer casarme con él. Sabía que era lo correcto, pero yo estaba muy dolida por todas las situaciones difíciles que frecuentemente vivía con él. Yo había perdido la esperanza de que él se arrepintiera de corazón y cambiara verdaderamente. Por ello siempre estaba considerando la idea de separarme, ya que también él era inconverso y no entendía lo importante que era para mí el matrimonio. Tampoco tenía intensión de recibir a Cristo como su salvador y seguir el camino de Dios. Por eso, lo que menos yo deseaba y necesitaba en ese tiempo, era precisamente un tercer hijo, mucho menos si se trataba de un bebe con necesidades especiales. Así que yo oraba y le clamaba a Dios que, ya que mi embarazo era confirmado; que por lo menos no me diera un hijo con alguna discapacidad física o mental, yo le rogaba que si su voluntad era que mi hijo naciera, que por amor a Cristo, me lo diera sano.

El Señor, siempre fiel, que siempre nos escucha; un día me contestó y su respuesta fue un claro y rotundo NO.

Mi reacción natural fue llorar, seguir clamando y preguntándole al Señor por qué . . . Por qué mi niño debía nacer con alguna discapacidad. Dios me contestó, que me daría un hijo con necesidades especiales, porque a través de él quebrantaría a mi esposo y que pronto, mi marido se convertiría al cristianismo. Pero El Señor nunca me dijo si mi bebe sanaría por completo algún día.

Cuando yo recordaba y meditaba sobre el tercer sueño que tuve, en el cual perdía al bebe; poco a poco Dios me dio entendimiento. Entonces comprendí que Él me estaba poniendo a decidir. Pero me resultaba muy difícil. Me parecía demasiado frio, simplemente aprovechar la oportunidad de decidir y pedirle al Señor que le quitara la vida para que yo abortara naturalmente. No podía hacerlo. Pero tampoco era fácil saber, o por lo menos sospechar que tendría un hijo con alguna discapacidad y aun así traerlo a este mundo sabiendo cómo afectaría y cambiaría mi vida y la de todos en nuestro hogar. Si bien, tenía la esperanza de que mi esposo buscara de Dios, a causa nuestro tercer hijo . . . Qué de mí, pensaba, yo deseaba de todo corazón poder servir a Dios y tenía claro que sería mucho más difícil hacerlo, teniendo la responsabilidad de mis tres hijos y por si fuera poco; el menor de ellos, con necesidades especiales. Me era muy difícil tomar una decisión, pero debía hacerlo y cuanto antes mejor.

Se llegaron las vacaciones de verano, en el tiempo de lo que en mi país llamamos semana santa, el cual es la pascua; durante los primeros días del mes de abril. Como mi hermana Angie vivía en aquella hermosa estancia, a dos horas de la ciudad. Pero por su tratamiento de quimioterapia ella permanecía en la ciudad, y ya que no le aplicarían medicamentos en esos días; decidió ir a pasar un tiempo en su casa con sus hijos. Así que Andrés, mis hijos y yo decidimos ir a pasar esos días con ella y los suyos. Mientras preparamos el viaje no me acordaba para nada de los sueños que tuve, pero llegado el día de nuestra partida; justo cuando estaba por salir, (mis hijos y su padre ya estaban en el carro esperando a que yo revisará y cerrara todo en casa), fui al baño y mientras me lavaba las manos El Señor me habló: Decide ahora, me dijo, de inmediato recordé el tercer sueño y comprendí que debía tomar una decisión. Me detuve un momento, me fui a la cocina y allí oré:

Padre, Tú conoces mi corazón
Sabes que te amo y quiero obedecerte.
Pero también quiero servirte.
Sabes que amo a mis hijos y te doy gracias por ellos.
Sabes que si me das un hijo especial yo lo voy a amar y lo voy a cuidar
lo mejor que pueda, como lo he hecho con los que ya me diste.
Pero yo deseo servirte y si ese es también tu deseo,
Te suplico en el nombre de Jesús, No me des un hijo especial.
Déjalo allá . . . contigo, donde no hay imperfecciones, donde nadie lo menospreciará y será
siempre feliz a tu lado.

Además, conoces a mi marido y yo creo que él será capaz de pensar y hasta expresar, que cualquier anormalidad en mi hijo será culpa mía.
Ten misericordia del bebe y de mí, y déjalo contigo. En el nombre de Jesús.
Amén y Amén.

Salí de mi casa, subí al carro y nos fuimos; en el camino pensaba que tal vez no pasaría nada y mi embarazo seguiría su curso normal y que el bebé nacería bien. Pero dejé bien claro entre Dios y Yo, que tomé una decisión y aunque fue duro y muy difícil para mí, lo hice y El Señor me dio paz. Esa paz que sobrepasa todo entendimiento (Fil. 4:7).

Al tercer día de estar en casa de mi hermana, tuve un dolor de vientre, no muy fuerte, pero acto seguido comencé a sangrar; no mucho como en el sueño, pero lo suficiente para darnos cuenta que algo andaba mal con mi embarazo. Regresamos a la ciudad, fui donde mi ginecólogo; después de examinarme sus palabras fueron: "El embrión murió, hay que practicar un legrado para limpiar tu útero". Tenía 9 semanas de embarazo y tuve, lo que se llama un aborto espontáneo.

Los días pasaron, poco a poco me recuperé físicamente, pero emocionalmente estaba muy mal, no era culpa lo que yo sentía porque sabía que tomé una decisión, con dolor, pero lo hice porque Dios me concedió el poder hacerlo. Aun así, sentía una gran tristeza, porque para todos; incluyendo a Andrés, parecía no tener mucha importancia; como si nada hubiese pasado, como si mi bebe jamás hubiese existido. Mi esposo y yo, nunca hablamos de aquel bebé que perdimos.

Yo le había contado a Angie los tres sueños que tuve, poco tiempo después de que confirmé el embarazo. Mi hermana sabía que yo me sentía muy triste y me preguntó que si me sentía culpable; yo le contesté que no, porque no hice nada para terminar con la vida de mi bebe. Pero a veces me parecía mentira que todo en realidad hubiese ocurrido tal como Dios me lo hizo saber, antes de que pasara. Simplemente mi bebe murió.-le dije.—y creo que es natural que me sienta triste. Solo mi cuerpo sintió su vida dentro de mí y también, solo mi cuerpo sintió su muerte.

Mi hermana para consolarme, me dijo algo que me pareció muy hermoso: "Dicen que los bebes abortivos, allá en el cielo, con El Señor; crecen y se desarrollan normalmente, y que un día si sus padres también van al cielo, Dios los reunirá. Así que algún día lo veras. Puedes ponerle un nombre y por ese nombre será llamado en el cielo."

No sé cómo Angie supo, leyó o escuchó esa creencia; pero le hice caso y eso me ayudó a consolarme. Lo llamé Jonathan, como el gran amigo del rey David, que significa "El Señor Dio".

Cuando supe el significado de este nombre que elegí, recordé lo que dijo Job: " . . . El Señor dio y El Señor quitó; Bendito sea El Nombre Del señor . . ."

No porque mi hijo hubiese nacido con alguna discapacidad, fue fácil renunciar a él. Me consuela pensar que si Dios aceptó mi decisión, fue porque era lo mejor para todos.

Muchos días después le pregunté al Señor: ¿Cómo es que no existe ni una vida sin propósito, cual podría ser el propósito de una vida tan corta, que ni siquiera alcanzó a ver la luz de este mundo? La respuesta no se hizo esperar: "Enseñarte a Ti a decidir, porque deberás tomar muchas decisiones difíciles más adelante, ese era el propósito de la corta vida de Jonathan", me contestó El Señor.

Dios conoce todos nuestros caminos antes de que los tomemos, Él ya sabía cuál sería mi decisión. Entonces comprendí que El propósito de Jonathan no era nacer, sino ayudarme a mí, a su madre a crecer. Dios es testigo de cuantas decisiones difíciles he debido tomar después que Jonathan pasó por mi vida.

Es posible que si yo hubiese decidido que mi hijo naciera discapacitado, para que a través de él Dios tocara el corazón de mi esposo y este le aceptara como su Señor y Salvador. Dios lo hubiese hecho y esta historia sería muy diferente. Creo que en eso consiste el libre albedrío, siempre tenemos la opción de elegir y la palabra de Dios nos dice que " . . . todas las cosas ayudan para bien a los que aman a Jehová . . ." Tal vez ese sea "el secreto", someter todo a su agradable y perfecta voluntad.

Era necesario que me recuperara y me fortaleciera pronto, porque poco después de esta gran lección para mi vida, me tocó experimentar de nuevo una gran pérdida; la de mi hermana Angie, el 16 de septiembre de ese mismo año (2007). Dios sabía que si mi embarazo hubiese llegado a término, yo no hubiese podido estar con mi hermana en sus últimos momentos, porque a Jonathan le tocaba nacer en esos días.

El año 2007, no tengo palabras para describir lo trascendental de todo lo que viví en ese tiempo. Cuántas lecciones de vida! No cabe duda que el numero 7 es especial . . . Por algo es el número de Dios. Él no se equivoca, él es siempre Fiel y verdadero por siempre. Amén

Capítulo V

"Salomón"

En verdad que no hay una sola cosa en este mundo que el poder de Dios no pueda arreglar. Él puede sanar cualquier herida, dolor o enfermedad y también puede darnos suficiente amor y, misericordia así como la fortaleza para perdonar. Pero como humanos a veces nos parece imposible.

A mí me parecía imposible perdonar a mi esposo. Me sentía tan humillada y tan lastimada, que a veces creía que ya no lo amaba y la única solución a nuestros problemas era separarnos definitivamente.

Después que perdí a Jonathan, yo estaba segura de que ya no tendría más hijos. Pero también estaba segura de que debía retomar mi carrera y volver a trabajar. Lo pensé y lo planifiqué muy bien. Supe de una oportunidad para trabajar como catedrática universitaria, en la universidad donde me gradué. Una de mis ex maestras me estaba recomendando, ya que ella y dos maestras más estaban por jubilarse; quedarían esas tres vacantes, una de esas plazas sería para mí. Únicamente debía cursar un diplomado que me acreditaría como docente a nivel superior. Así que me matriculé en dicho diplomado, el cual cursaría durante un semestre, luego haría una práctica profesional y al siguiente semestre, con las buenas recomendaciones he influencias de mi ex maestra, quien me apreciaba mucho; me asignarían una catedra como prueba. Y así, poco a poco me establecería y haría una carrera como catedrática a nivel superior. El diplomado comenzó la primera semana del mes de febrero del 2008. La segunda semana de ese mismo mes, fui al banco a pagar una cuota por el segundo módulo. Estaba haciendo la fila frente a la ventanilla donde debía pagar, cuando de pronto sentí un leve temblor en todo el cuerpo y una debilidad en las piernas; creí que me caería, pero no fue así, lo que sucedió fue que tuve una visión: Me vi en el edificio administrativo de la universidad, iba subiendo unas gradas que llevan hacia las oficinas admirativas de la rectoría y vicerrectoría académicas; y escuché la voz de Dios que me dijo: " Si esto es lo que quieres, Yo te lo doy. Pero Yo tengo para ti algo más grande". Y cuando me dijo estas últimas palabras, me trasladó a otro lugar muy distinto a la universidad; a un gran estadio lleno de personas, yo estaba en un escenario cantando alabanzas al Señor. Y simplemente supe que después de alabar, yo predicaría.

En el momento en que fue mi turno de pasar a la ventanilla, yo estaba casi sin aliento, no sé cómo fue que aún estaba de pie. Creo que Dios me sostuvo, porque estaba atónita por lo que acababa de ver y me era imposible asimilar. Pasé a la ventanilla, pagué lo que iba a pagar; pero casi no me di cuenta de lo que hice. Salí del banco y me senté en una de las bancas que hay en el centro comercial al que fui. Cuando me recuperé busqué un baño, me encerré en un cubículo y comencé a llorar. Por qué Dios quiere desviar mis planes, yo nunca he deseado ser cantante de música cristiana ni mucho menos predicadora. No me hagas esto Señor . . . . —me decía a mí misma, mientras lloraba. Después de un largo rato dejé de llorar, me lavé el rostro y regrese a casa; traté de no recordar lo que me sucedió y retome todo como si nada hubiese pasado. Porque yo sabía que pronto me separaría de mi marido y para ello necesitaba prepararme volviendo a trabajar. Ese era mi plan y no estaba dispuesta a cambiarlo por nada ni nadie.

Uno de esos días me dispuse a arreglarme para ir a clases. Cuando me estaba bañando escuché la voz de Dios que me dijo: "Tendrás otro hijo y será varón. Y él será la primera de las grandes bendiciones, de muchas más que a partir de hoy voy a darte". Me hice a la idea que esa era otra ocurrencia de mi cabeza y traté de no darle ninguna importancia. Además yo me cuidaba muy bien para no tener más hijos. Pero frecuentemente pensaba, tanto en las visiones en el banco, como en lo que escuché en el baño. No podía evitarlo.

Yo siempre estaba muy pendiente de mi periodo menstrual, se llegó la fecha en que debía tenerlo y nada. Pero bueno, uno o dos días de retraso, es normal.—no pasa nada.—me decía para auto tranquilizarme.

Las clases del diplomado las recibía los fines de semana, viernes y sábado. Me tocaba en el cuarto piso, en un edificio donde no había un elevador, debía subir y bajar por las gradas. El domingo me sentí con un leve dolor de vientre y pensé que a causa del ejercicio se me presentaría el periodo menstrual tan esperado. Pero no fue así.

Los días pasaron. El día jueves comencé a tener dolor de muelas, pero aun así me tomé unos analgésicos y viernes y sábado, a clases. El domingo no soportaba el dolor de vientre, seguí tomando analgésicos hasta que se me calmó. Me levanté. Mi esposo había salido con los niños. Entonces me puse a orar, ya con la seria sospecha de que en verdad estaba embarazada:

> *Señor, si lo que me mostraste en el banco es verdad*
> *Y tienes para mi algo más grande que ser docente universitaria,*
> *Si de verdad quieres que yo te sirva en algo tan grande.*
> *Entonces apártame de estos mis planes*
> *Y dame ese hijo del cual creo que tú me hablaste.*
> *Pero si todo esto es producto de mi imaginación,*
> *Te pido en el nombre de JESUS, quítame esta angustia,*
> *Haz que mi periodo menstrual se presente*
> *y permite continuar con mis planes.*
> *Gracias Señor. Amén y Amén.*

A la mañana siguiente, me desperté mareada, no pude desayunar; fui al baño y vomité hasta la bilis. Entonces le conté mis sospechas a Andrés, ese mismo día fui al ginecólogo y el me lo confirmó. Tenía 6 semanas de embarazo. Por si fuera poco, me dijo que si desde ya estaba teniendo fuertes dolores de vientre y si esos dolores empeoraban al estar de pie o caminar; considerando que un año antes tuve un aborto, este podría ser un embarazo de alto riesgo. Y así fue, tuve un embarazo terrible, mis planes se diluyeron junto a todas las lágrimas que derramé por tener que cancelarlos, pues la oportunidad de trabajo no me iba a estar esperando el tiempo que fuera necesario. Después de confirmar mi cuarto embarazo, estuve 8 meses en cama (porque me fue imposible llegar a los 9), solamente me levantaba para lo más estrictamente necesario.

Mi salud física y emocional estaba en su peor momento. Mi esposo, aunque estaba pendiente de mí y de los niños, tenía una relación con alguien más y siguió con ella por mucho tiempo después de que naciera nuestro hijo.

Yo estaba muy anémica, mi estómago no toleraba ninguna de las vitaminas prenatales, hierro y ácido fólico, todo lo vomitaba. Frecuentemente me hospitalizaban para ponerme medicamentos para retenerme al bebe y ponerme transfusiones de sangre. Dicho sea de paso, mi sangre es del tipo O Rh negativo, uno de los más difíciles de conseguir en caso de una emergencia. En caso de un aborto, mi vida corría peligro debido a la falta de sangre.

Aproximadamente durante el cuarto mes de embarazo comencé a tener temor de que mi bebe no viniera sano. Pero me dije que si fuera así, El Señor me lo habría mostrado, así como me mostro todo lo que sucedería con Jonathan. De todos modos mi preocupación siguió. Específicamente temía (no sé porque, o no me di cuenta cuando El Espíritu santo me hizo saber), que mi bebe venía con labio leporino.

Me decía a mí misma y le decía a Dios que no permitiera que me sugestionara con semejantes pensamientos. Durante los dos meses siguientes yo oraba y le rogaba al Señor que mi bebe no naciera con dicha deformidad en su rostro.

En medio de todas las dificultades que pasé durante este embarazo, sucedió algo que yo esperaba desde hacía 12 años. El 6 de junio del año 2008 me casé con el padre de mis hijos.

No fue una gran boda, y en aquel momento; yo no fui la novia más hermosa, ni la más feliz. Sin embargo, fue algo que hice por varias razones, todas muy importantes, pero especialmente para quitar de mi vida el pecado de fornicación que me hacía sentir tan mal delante de mi Dios.

Después de la boda, casi no podía levantarme de la cama, mis temores de que mi bebe viniera con labio leporino se intensificaron. Así que pensé que a esas alturas del embarazo un ultrasonido podría detectarlo, entonces, en mi próxima cita; le pediría al obstetra que me hiciera el favor de ver bien el rostro del bebe. Pero yo no dejaba de orar y pedirle al Señor que no lo permitiera, que mi bebe naciera completamente sano.

Una noche me levanté para ir al baño, como me movía con dificultad, me senté un rato en la orilla de la cama. De pronto, en medio de la oscuridad, vi la figura de un ángel que resplandecía y llevaba una lanza en su mano derecha, me miró y metió su lanza en mi vientre. En lo físico yo no sentí nada, pero por un brevísimo instante me quedé sin aliento. Cuando volví en mí, la visión se había ido. En un parpadeo, ya no estaba. Yo no supe del todo que me había pasado. Fui al baño regresé y volví a dormir.

Una semana antes de cumplir los 7 meses tuve contracciones. Me hospitalizaron por tres días para ponerme medicamentos para retener al bebe en mi vientre. Cuando me dieron de alta, el médico me dijo que me pusiera de pie y me arreglara para irme a casa. Pero que si sentía que perdía líquido vaginalmente, no me podría ir y tendría que quedarme más tiempo en el hospital. El médico salió de mi habitación y yo me puse de pie, despacio me duché y me vestí; cuando ya estaba lista y solo esperaba a que mi esposo llegara por mí, sentí un poco de líquido tibio que salía vaginalmente. Fui al baño a asegurarme de que no hubiera sangre, como no la había, cuando el médico regresó y luego entró mi esposo, les dije que todo estaba bien. Deseaba regresar a casa, con mis hijos; me extrañaban y yo a ellos.

Los días siguientes corrí el riesgo de estar en mi casa, aunque casi no podía moverme y perdía líquido cada vez que me ponía de pie. Sentía escalofríos en todo el cuerpo y la panza se me ponía rígida, eran contracciones. Así logré cumplir 32 semanas, 8 meses aproximadamente.

Uno de esos días pensaba en lo mal que estaba mi relación con Andrés (a pesar de que nos habíamos casado legalmente) él seguía siendo el mismo; y yo no podría retomar mi carrera teniendo otro hijo que cuidar, un bebe que sabría Dios en qué condiciones nacería. Como haría yo para criar a mis tres hijos yo sola. Al divorciarnos, seguramente él me daría una pensión, pero no sería igual que si estuviera día a día viendo las necesidades del hogar y de los niños. No sería nada fácil y mis hijos sufrirían mucho.

Nuevamente tuve contracciones, me llevaron al hospital y me lo retuvieron una vez más. Antes de salir de alta, tuve una visión: En la puerta de mi cuarto, vi a un joven, algo parecido a mí; alto y delgado. El me miró con unos ojos tan amorosos, como solo nos miran nuestros hijos cuando solo dependen de nosotras y confían ciegamente en el amor de mamá.

Cuando regresé a casa, pensaba y volvía a pensar en aquella visión, entonces escuché que Dios me dijo: "Decide, no te voy a obligar a tener este hijo, pero si estás segura de que no lo quieres, tendrás que sepultarlo porque nacerá muerto. Decide . . ."

Cuando recordaba aquellos ojos que me miraron con tanto amor, no podía imaginarme sepultando a mi bebé.

Le pedí perdón a Dios, por todas las veces que me lamenté por ese embarazo y le pedí que borrara del corazón de mi bebé cualquier rastro de sentimientos de rechazo y que le permitiera vivir.

En la noche escuché que El Señor me dijo: "El edificará casa a Mí nombre" . . . Yo sabía que Dios le había dicho estas palabras al rey David (2 Samuel 7:13) y por eso decidí que mi hijo se llamaría Salomón, como el rey Salomón, hijo del rey David. Además significa "barón de paz".

Al día siguiente desperté con contracciones, no eran fuertes, pero además tenía fiebre. Era el primero de octubre del 2008. Me llevaron al hospital, inmediatamente me ingresaron al quirófano, pues mis tres hijos han nacido por cesárea. Ese día nació Salomón, pesó siete libras y media y estaba completamente sano y hermoso.

Pasaron varios días, Salomón crecía tan rápido como lo hacen los recién nacidos. Tenía como dos semanas cuando me fijé, que al tomar su leche, le salía un poco de esta por su fosa nasal izquierda; fue entonces cuando recordé todo aquello de mis temores de que viniera con labio leporino. No sé cómo, pero lo había olvidado por completo. Incluso, el día en que nació me di cuenta de que su nariz estaba notablemente panda y tenía una cicatriz sobre su labio superior, como si fuera una cirugía que recién estaba sanando. Pero había olvidado por completo todos mis temores, así como la visión del ángel, que sin duda vino a sanar a mi bebé. Porque eso fue lo que sucedió y hasta entonces, dos semanas después de su nacimiento, lo entendí. El ángel del Señor vino a "operar "a Salomón cuando aún estaba en mi vientre y además me dio a mí, la paz que necesitaba, para que no me angustiara ni pensara más en aquello. Ese día, cuando por fin comprendí todo, Dios me dijo: "pude haber dejado a tu hijo sin ninguna cicatriz, pero dejé una pequeña marca que se borrará con el paso del tiempo, pero la dejé para que cuando dudes de lo que yo te digo, mires el rostro de tu hijo y confirmes que Yo te hablo. Y no dudes más."

Solo puedo estar infinitamente agradecida por las maravillas que Dios ha hecho en mi vida y en la de mi familia. La Gloria y la Honra son solamente de ÉL y para EL. Aleluya!!! Gracias Padre, Amén y Amén.

Capítulo VI

"Flores para Mi
y una Canción para
El"

Me considero tan afortunada, son incontables las maravillas que Dios ha hecho en mi vida. Día a día veo sus milagros, su poder, su favor y su gracia; a veces en detalles que podrían pasar desapercibidos. Sin embargo sé que es EL, pendiente de mí y de mi casa. Porque es fiel y ha prometido estar con nosotros hasta el fin del mundo (Mateo 28:20).

Una tarde, cuando me desocupé de mí que hace diario, estaba sola en mi cuarto, meditando en todo lo bueno y maravilloso que es Dios y sentí un deseo tan grande de darle gracias con todo mi ser. Comencé a alabarle y luego me postré en adoración. Una presencia sobrenatural del Señor, tan fuerte, llenó la habitación. Yo sentí que ese momento era solo mío y de EL; así que me puse de pie, cerré las ventanas y cuando me iba a postrar de nuevo, escuché su vos que me dijo: "quita tu calzado, cubre tu cabeza y póstrate, rostro en el suelo; porque YO ESTOY aquí".

Así lo hice y me postré frente a una silla que siempre ha estado en mi cuarto, pues Él también me dijo: "Cuando tu oras, Yo vengo y me siento en esa silla a contemplarte". Mis lágrimas salían sin control, yo no podía pensar, solamente le adoraba con las mejores palabras que venían a mi boca: Yo te adoro, te amo, eres mi todo, precioso Jesús, mi alma te anhela, Todo lo que respira te alabe, eres mi amor, eres mi gran amor . . . . —le decía, pero sentía que nada de lo que yo pudiera decirle era suficiente, para lo que realmente ES EL. Y deseaba decirle más y adorarle más y más; hasta que pude expresarle como deseaba adorarle y le dije: Yo quisiera ser como aquella mujer que derramó su perfume delante de Ti mi Amado (Marcos 14:3). Inmediatamente el me respondió y me dijo, lo más bello que me han dicho en mi vida: "Tú eres mi perfume". Yo no podía creer lo que acababa de escuchar, de parte de EL, del Rey de Reyes . . . Para mí! Una mujer común que solo quería darle gracias a Él. Pensé que fue producto de mi imaginación, pero me sentí tan llena, tan fuerte y especialmente tan amada por mi Señor. El solo hecho de su presencia en mi habitación, su visitación ha sido para mí una experiencia sin par. Un milagro más que yo experimente, algo más por lo que estar más que agradecida. Cuando todo volvió a la normalidad, y me levanté; después de una hora de estar en su presencia, seguía sintiendo algo especial que se quedó con migo desde ese momento, y no se ha ido. Creo que El me llevó a otro nivel de fe y de conocimiento de su majestad y de su amor. Que es un regalo especial, que Él me ha dado; permanente para mi vida de allí en adelante.

Ese mismo día, en la noche cuando mi esposo regresó de una reunión a la que fue, me trajo un enorme ramo de flores. Cuando yo lo vi entrar a casa y que casi no podía cargarlo de pesado y de grande que era. Andrés ya no acostumbra regalarme flores, porque yo le he dicho que es un desperdicio. Lo primero que me imaginé fue: Él quiere lavar su conciencia por algo malo que hizo y aun yo no sé. Pero también pensé, este ramo de flores es demasiado caro, definitivamente que mi esposo no lo ha comprado. Y sin reparo, entre broma y verdad, le pregunté: ¿Dónde te lo robaste? Ambos nos reímos, él no me quería decir nada, solo reía y me dijo: Qué barbaridad, como piensas lo peor de mí, pero no paraba de sonreír. Solo quise traer flores a mi esposa.—dijo. Pero luego me contó que en el salón donde estuvo, en una reunión de su gremio profesional, estaba decorado con varios de esos ramos, un amigo suyo tomó uno y le dijo que a su esposa le encantaban las flores, por eso él siempre tomaba uno de los ramos con que decoraban allí, ya que de todos modos al día siguiente los votarían. Así que no le costaba nada llevar uno a su esposa y verla feliz. Mi esposo entonces hizo lo mismo que su amigo y también tomó un ramo para mí.

Yo siempre le había dicho a mi esposo que yo prefería, que en lugar de flores, me regalara algo más útil, así que miré el ramo con algo de indiferencia y quizás hasta con cierto resentimiento hacia mi esposo, porque sabía que no fue idea suya y que además no me daría un regalo tan caro; no uno que luego desecharía. Así de complicadas somos a veces las mujeres, si no nos dan . . . nos molesta; y si nos dan . . . también nos molesta. ¡Quien nos entiende! Era sin lugar a dudas el ramo de flores más grande y más bello que yo había visto, y por su puesto; el mejor que me han regalado a mí. Pero no le di la importancia que merecía. Lo puse en la mesa del comedor, porque era tan grande que temí ponerlo en una mesa pequeña de la sala, pues podía caerse. Eran Flores blancas y amarillas, rosas, margaritas y mis favoritas; los claveles amarillos. En verdad que era un arreglo floral precioso, y que decir del perfume que lleno mi casa . . . sin palabras. Pero yo estaba decidida a no disfrutarlo.

Dos días después de que mi esposo me llevara las flores a casa, me reuní con unas amigas; en casa de una de ellas. Leímos la palabra y oramos. Cuando una de las hermanas comienza a orar por mí, El Espíritu santo comienza a hablar a mi mente y me dice: "Por qué menospreciaste las flores, Yo Jehová te las mandé". En ese momento, la hermana que oraba me dijo: "hermana dice El Señor que tu eres un grato perfume para EL." Esto que me dijo la hermana que oraba por mí, fue la confirmación de que Él me estaba hablando y que fue EL quien "arreglo" todo para hacerme llegar ese bello regalo y lo hizo a través de mi esposo. Después de todo mi esposo es la persona más indicada para llevarme flores. Ese día aprendí que Dios siempre buscará la manera más correcta para bendecirnos y también aprendí que muchas veces estamos tan resentidos que no somos capaces de disfrutar las cosas buenas y bellas de la vida, que Dios nos las da para que seamos felices, pero simplemente decidimos no hacerlo.

Le pedí perdón a Dios y cuando regresé a casa, yo abrazaba y besaba cada una de aquellas hermosas flores, ya comenzaban a marchitarse, pero duraron por muchos días más y las disfruté al máximo. Lamento no haberle tomado una foto, no se me ocurrió. Pero aún conservo el gran plato de barro en donde venían, es mi centro de mesa y mi mejor frutero. Cuando lo lleno de frutas, pienso que soy muy bendecida. Y que mi Padre Celestial siempre me dará todo lo que necesito, y hasta más que eso. Porque Él es amoroso y muy detallista. No hay nadie como EL.

Dios siempre ha hablado a sus hijos a través de sueños. De la concepción de Jesucristo mismo, Dios le hablo a José, el que sería esposo de la virgen María; y lo hizo a través de sueños (Mateo 1:18-25). Dios ha puesto grandes proyectos y ha dado dirección a su pueblo a través de sueños (Génesis 46:2-4). En este tiempo, El Señor sigue hablándonos y contándonos sus planes y proyectos de esta manera. A finales del año 2012, tuve un sueño, parte de ese sueño consistía en que yo estaba en una casa donde me habían llamado para que fuera a orar por una familia donde la madre era una mujer creyente pero, ella lidiaba con varias situaciones de pecado en sus tres hijos: Avaricia y soberbia en el hijo mayor, vanidad y fornicación en su hija y homosexualismo y depresión en su hijo menor. Como fue un sueño, de pronto solo me vi en esa casa, la señora, una mujer muy hermosa y aparente mente adinerada, me recibió muy amablemente, me pasó a una sala de estar y me dijo que esperara que pronto llegarían su hijos para que oráramos. Cuando ella dio la vuelta y salió de la sala hacia otra de las estancias de la casa, me quedé sola y comencé a escuchar una música hermosa, instrumental. Quise saber de dónde venía aquella agradable melodía, pero me di cuenta de que el equipo de sonido que había en esa sala estaba apagado. Entonces escuché que Dios me dijo: "La música está dentro de ti, escribe la letra. Esta canción se llama "Solo Tú Jesús"." Momento después regresó la señora y detrás de ella sus hijos. Fue entonces que identifiqué los espíritus inmundos que estaban con ellos. El hijo mayor y la joven me miraban de forma burlona pero el hijo menor se notaba muy nervioso y además triste y deprimido. Cuando iba comenzar a orar y a reprender aquellos malos espíritus, desperté.

Cuando yo era una jovencita de catorce años, comencé a escribir poesía; en una ocasión, cuando ya era mayor, decidí escribir poesía cristiana, pero creo que solo escribí una y no la guardé. Entonces, después de aquel sueño; decidí escribir la letra para la canción que se llamaría "Solo Tú Jesús". Fue tan fácil que me sorprendí, bastó que me dispusiera a hacerlo; tomé papel y lápiz y los versos fluyeron como si El Señor me estuviese dictando. En menos de 2 horas estaba terminada. Yo no sé de pentagramas ni de notas musicales por eso no puedo escribir la música, pero después del sueño, la pista musical quedo grabada en mi mente. Así que en cuanto terminé de escribir la letra, pude cantar la canción completa.

Días después, Dios me dijo: "Esta canción es un arma de liberación, muchos sanarán y serán libres de diversas ataduras espirituales cuando la escuchen". Entonces entendí que por eso Dios comenzó a dármela en aquel sueño cuando yo iba a orar por la familia de aquella mujer cristiana; es un arma que Dios me ha dado.

Algún día se escribirá la música, esta canción se grabará y será escuchada por muchas personas en muchos lugares y será de bendición y liberación. Mientras eso sucede, escribiré aquí los versos de la letra y estoy segura de que la unción de Dios que reposa en ellos, trascenderá estas líneas para tocar a toda persona que los lea y reciba ahora mismo la sanidad y liberación que necesita. Recíbalo en el poderoso nombre de Cristo Jesús. Amén.

"Solo Tú Jesús"

Todo es por Ti y para Ti
Todo lo llenas tú
Jesús.
Alfa y Omega Tú
Principio y fin

Amado Jesús
Solo tú.

*   *   *

Solo Tú, Solo Tú
Me haces nacer de nuevo
Y volar a lo imposible
Aunque ande por desiertos
Sé que nada me hará falta
Si estás tú siempre tú
Amado Jesús.

*   *   *

Alfa y Omega Tú
Principio y fin
Jesús
Toma mi mano
Camina conmigo
Y enséñame a Amar
Como tú.

Solo tú, solo Tú
Me haces nacer de nuevo . . .

Dios me ha dado tantos regalos, y me ha hecho entender que es necesario compartir, no puedo quedarme yo sola, con todo lo que Él me ha dado. Por eso escribí este testimonio. Y también espero que algún día, así como me mostró en aquella visión que tuve en el banco (capítulo v) me dé el privilegio de alabar y adorar su Santo Nombre con esta canción que El me dio, para Glorificarse a sí mismo en la vida de quienes la escuchen.

Testificar de ÉL, de su gran amor y su poder, alabarle y adorarle. Es lo que yo he escogido. El me lo ofreció aquel día en el banco, y me dijo que es lo más grande que tiene para mí. Ahora sé que El me escogió para ese propósito, por eso es lo que más anhelo. Pues creo que es la mejor parte . . . (Lucas 10:42).

Las flores han sido uno de los más bellos detalles que mi Dios ha tenido para conmigo, espero y trato de agradarle con todo lo que yo pueda hacer por El, para El y por su obra aquí en este mundo. Y tal vez, un día, cuando él me llame a su presencia; pueda cantar esta canción, a sus pies, delante de su trono. Porque solo Él es digno de toda Gloria, Honra y Alabanza por siempre y para siempre. Amén.

"Capítulo VII

Mi Corona"

En el año 2000 mi esposo tuvo un problema laboral muy serio, tanto así que existía la posibilidad de que lo procesaran legalmente, él estaba muy angustiado, porque lamentablemente, vivimos en un país donde la justicia no es muy eficiente. Yo me sentía impotente, lo único que podía hacer era orar y lo hacía de todo corazón, a pesar de que nuestra relación no era la mejor; yo sabía que él no había cometido ninguna ilegalidad.

En uno de esos momentos de quebranto, clamándole al Señor no solamente por una solución justa, sino también y especialmente porque Andrés le recibiera como su salvador. Entonces me sucedió algo: De repente, como si por un instante, yo no fuera dueña de mi boca; dije: Yo le he de ver predicando . . . Y me callé sorprendida de lo que acababa de decir, porque estaba segura de que, aunque salió por mi boca, no fue algo que yo pensé. Entonces, después de meditar en ello, comprendí que Dios usó mi propia boca para hacerse escuchar. Al principio no lo pensé así, pero después llegué a la conclusión de que si Dios me hubiese hablado con voz audible, habría sido tremendo susto y quizá después hubiera pensado que fue producto de mi imaginación. Si me hubiese hablado dentro de mí, a mi mente; peor hubiese creído que eran ideas mías. Por eso Dios que todo lo sabe, usó mi propia boca para darme la confirmación de la palabra que Él me estaba dando y que yo necesitaba en ese momento de quebranto. Al decirme que yo le vería predicando, El Señor me estaba prometiendo que así sería. No me dijo cuándo, pero lo que El dice se cumple, yo tenía su palabra.

Pasaron algunos días largos y angustiosos antes de que el problema se resolviera y se resolvió favorablemente para nosotros. De todos modos mi esposo cambió de trabajo, siguió creciendo y cosechando éxitos profesionales. Así también mejoró nuestra situación económica, tuvimos a nuestra hija y a nuestro hijo menor; nos casamos legalmente, pero nuestro mayor problema como matrimonio seguía igual y empeorando.

Apocalipsis 3:11 dice así: . . ."He aquí que Yo vengo pronto; retén lo que tienes, para que ninguno tome tu corona . . ."

Años después que recibí aquella promesa de parte de Dios, 10 años para ser más exacta; no la había olvidado, pero había perdido la esperanza de que se cumpliera. Un sábado por la tarde yo iba para la iglesia, iba triste, confundida y muy molesta porque esa tarde mi esposo también había salido de casa y yo sospechaba que de nuevo me estaba engañando. Mientras yo iba manejando, también iba hablando con El Señor y le decía, le reclamaba que hasta cuando tenía que soportar el comportamiento de mi marido, yo ya no quería orar por él. Dios mío Tú eres justo, ya no me quebrantes a mí en esto, ya no permitas más humillación para mí te lo ruego. Si es necesario que él sea quebrantado para que pueda buscarte y rendirse a ti, hazlo, pero no en mis hijos ni a través de mí, porque suficiente hemos padecido ya a causa de los errores y pecados de él. Yo quiero ver tu justicia, le repetía una y otra vez, hasta que llegué a la iglesia.

Al comenzar el culto, durante la alabanza traté de olvidarme de mis problemas para sumergirme en la alabanza y adoración. En eso estaba cuando la voz de Dios dentro de mí me dijo algo que movió todo mi ser, me preguntó: "¿Qué quieres, mi voluntad o mi justicia?"

Me quedé pensando un momento y recordé que su voluntad es agradable y perfecta. (Romanos 12:2). Y quise entrar en un conflicto en ese momento, al pensar si acaso la voluntad de Dios no es justa. Pero también recordé que en esta vida tendremos tribulación (Juan 16:33), simplemente porque estamos en este mundo. Dios a nadie le ha prometido una vida sin problemas, al contrario, nos advierte que habrá problemas; así es y así será hasta que Cristo venga por segunda vez. Después de pensar en esto un momento, concluí que Dios es justo. Pero esta vida en este mundo no lo es.

Entonces contesté la pregunta, tratando de agradar al Dios fiel, que nunca me ha fallado. Tu voluntad.—le dije. Y lo repetí, para convencerme de que en verdad haría su voluntad, aunque me doliera mucho más de lo que ya me estaba doliendo aceptarla.—Quiero tu voluntad.—le dije por última vez.

El Señor siguió hablándome (mientras el pastor predicaba y yo aparentemente escuchaba. Tenía un gran nudo en la garganta y la piel crispada): "Me preguntas cuándo veras mi justicia, Yo te contesto hoy . . . Hasta que le veas predicando".—me dijo. Entonces recordé aquellas palabras que me había dado hacía una década atrás. Yo había perdido la esperanza, pero El jamás olvida sus promesas. El Señor me dio su palabra y la cumpliría a su tiempo. El continuó conversando con migo y fui sintiendo como el tono de su voz se fue suavizando; y pasó de ser El Señor Soberano, a paciente consejero y por último El Padre amoroso que comprende nuestra humanidad, porque para eso él se hiso hombre: Yo podría hacerte justicia ahora, pero esa no es mi voluntad para este momento. Yo quiero que esperes, porque hay una corona para ti por tus batallas ganadas y esa corona ya está hecha, Yo la hice y la hice a tu medida; es tuya no renuncies a ella.

No supe de que trató el culto de esa tarde, pero sí que salí muy diferente que como entré, ya no me sentía angustiada y molesta, sino muy conmovida, sorprendida y . . . sin palabras.

Recordé que en el libro de apocalipsis decía algo sobre las coronas que El Señor dará a sus fieles, así que al llegar a casa, lo busqué y encontré en apocalipsis 3:11; las palabras que más tocaron mi corazón fueron las que dicen . . ."retén lo que tienes". Entonces pensé: Yo tengo su promesa, El me dio su palabra. Y Él no es hombre para que mienta, ni hijo de hombre para que se arrepienta (Números 23:19). No sé cuándo, pero lo veré. Y sí lo creo por supuesto que lo veré.—me dije.—Un día mi esposo recibirá a Jesucristo como su Señor y salvador, se arrepentirá de sus pecados y testificará y sé que Dios me dará a mí la fortaleza y la sabiduría necesaria para continuar en esta batalla, porque estoy segura que en El nombre de Jesús la victoria es mía y la corona también. Aleluya!

No tenemos lucha contra carne, ni sangre . . . (Efesios 6:12). Sé que no debo poner mis ojos en los errores y defectos de mi esposo, sino en Dios primeramente y en las almas preciosas para El, que podrían ser impactadas por mi testimonio y el de mi esposo.

Lo último que Dios me dijo esa tarde fue que escribiera todo esto y que lo compartiera. Al principio no quería, ni sabía cómo hacerlo, pero mi Señor insistió diciéndome: "Hay personas que necesitan recordar las promesas que algún día les di; escribe y diles que "Yo Soy Fiel" y que jamás olvido lo que prometo. Mis promesas siempre se cumplen." Por eso lo escribí y hoy lo comparto con usted que lee. Haya vivido o no, la decepción, el dolor y el sufrimiento que trae el adulterio. Aunque sus luchas sean otras. Dios quiere ayudarle, puede estar 100 % seguro de eso.

A través de estas líneas permítame enviarle un abrazo, con amor y consuelo en Cristo Jesús. Porque Dios es el único que sabe cómo está su corazón hoy. Es Él, quien pone en mí el querer decirle que Él sabe que no es fácil, Él sabe que duele, Él sabe que es humillante, que Él ve sus heridas sangrando y ve las sospechas y celos que día a día le atormentan. Pero hay una palabra que quiero darle hoy: Dice Jehová: . . ." Yo vendré y hare cosa nueva (Isaías 43:18). Y cambiaré tu lamento en danza (Salmo 30:11) . . ."

Si usted aún no tiene una promesa que recordar de parte de Dios, cualquiera que sea su situación, problema o enfermedad en este momento, tome esta ahora. Pues no ha leído todo esto por casualidad. Y como dice Apocalipsis 3:11, " . . . Retén lo que tienes para que ninguno tomo tu corona . . ." Porque en verdad que hay una corona para usted, jamás renuncie a ella, es suya; Dios la hizo a su medida.

El año 2013 fue un año de grandes cambios positivos en mi vida, varias de las promesas que Dios me dio se cumplieron en este tiempo; no fue fácil, hubo luchas muy fuertes. Pero al final Dios me dio la victoria, El me guio para que lograra conquistar parte de esa "tierra prometida", que Él ya me dio. Creo que aún faltan las mejores parcelas. Y voy por ellas de la mano de mi Padre. Sin embargo nunca olvidaré que fue en el año 2013, exactamente el día domingo, 15 de diciembre; el día en que mi esposo entregó su vida a Cristo. Cuantas cosas han cambiado desde entonces. Mi esposo . . . es un hombre nuevo, realmente nació de nuevo. Y sigue creciendo espiritualmente. Estoy tan agradecida con mi Dios.

Comenzando el año 2014 Andrés y yo fuimos juntos, por primera vez a un congreso cristiano. Cuando salimos él me dijo:" Fíjate que de repente vino un pensamiento a mi mente, pensé que algún día yo voy a predicar, y me quede pensando en esa posibilidad.—me dijo.—y me gustaría hacerlo, quiero aprender, capacitarme para predicar, algún día". Casi se me salían las lágrimas recordando la promesa que Dios me dio. Yo le veré predicando, veo el cumplimiento de esa promesa cada día más cerca. Y todo es gracias a mi Dios siempre Fiel. La honra es para Él.

Filipenses 2:13 nos dice: " . . . Dios es quien obra en vosotros tanto el querer como el hacer, para su beneplácito." Sé que ese deseo de predicar, algún día; ya está en el corazón nuevo que Dios le ha dado a mi esposo y así será en el maravilloso nombre de Cristo Jesús.

Oremos:

En el nombre del Padre, del Hijo y del Espíritu Santo. Dios mío, primeramente te doy gracias por ayudarme a completar este testimonio. Gracias padre por la vida de cada una de las personas que lo leerá. Deseo cerrar este último capítulo intercediendo por cualquier petición, por toda necesidad que esté pasando la persona que lee. Yo no sé cuál pueda ser su petición, pero nuestro Dios si lo sabe. No importa donde esté usted, no importa la magnitud de su necesidad; si es imposible para el hombre, para Dios no hay imposibles. O al contrario, si su deseo es solamente que le regalen el ramo de flores que más le gusta, o un frasco de perfume del que más le gusta. Recuerde que Dios es detallista.

En el nombre de Cristo Jesús, escrito está que lo que desatáremos en la tierra será desatado en los cielos (Mateo 16:19). Porque Tú anulaste todo decreto en nuestra contra en la cruz del calvario y exhibiste a los principados (Colosenses 2:14-15). Porque mayor es Dios que está con nosotros que cualquiera que está en el mundo (I Juan 4:4). Por la autoridad que Cristo mismo nos dio en su palabra cuando dijo: . . ." Mayores cosas haréis" (Juan 14:12-13). Y porque con la palabra creo Dios los cielos y la tierra: En El santo nombre de Jesús, sea anulado, desechado y quebrantado todo plan y diseño que satanás y sus demonios hayan tramado en contra de toda persona que lee este testimonio ahora. Sea quemada con el fuego del Espíritu Santo, toda célula de enfermedad maligna. Y a todo espíritu inmundo, le digo Jehová te reprenda y te envíe a donde debes estar para no seguir causando daño. Reciba su milagro, cualquiera que sea su petición, yo digo, está hecho; en el nombre del único Dios que envió a su Hijo a morir por la humanidad, pero al tercer día resucitó y ascendió a los cielos y está sentado a la diestra del Padre. En El confiamos, en El creemos Y a Él sea toda la Honra y Gloria por siempre. Pero El mayor milagro es la Salvación, recibe a Cristo como tu Señor y Salvador y tú y tu casa serás salvo. Nos cubrimos con la sangre del Cordero, atamos todo espíritu inmundo de venganza y desatamos los ángeles del Señor alrededor nuestro. Declaramos y decretamos que nada ni nadie podrá revertir ni arrebatar lo que Dios ha hecho hoy en su vida. Toda la Gloria, Adoración y Honra, al Padre, al Hijo y Espíritu Santo; ahora y por todos los siglos. Gracias Señor. Amén y Amén.

Que la paz del Señor se quede con usted.

Dios le Bendiga ahora y siempre. Cristo le Ama.

Hasta la próxima!!!

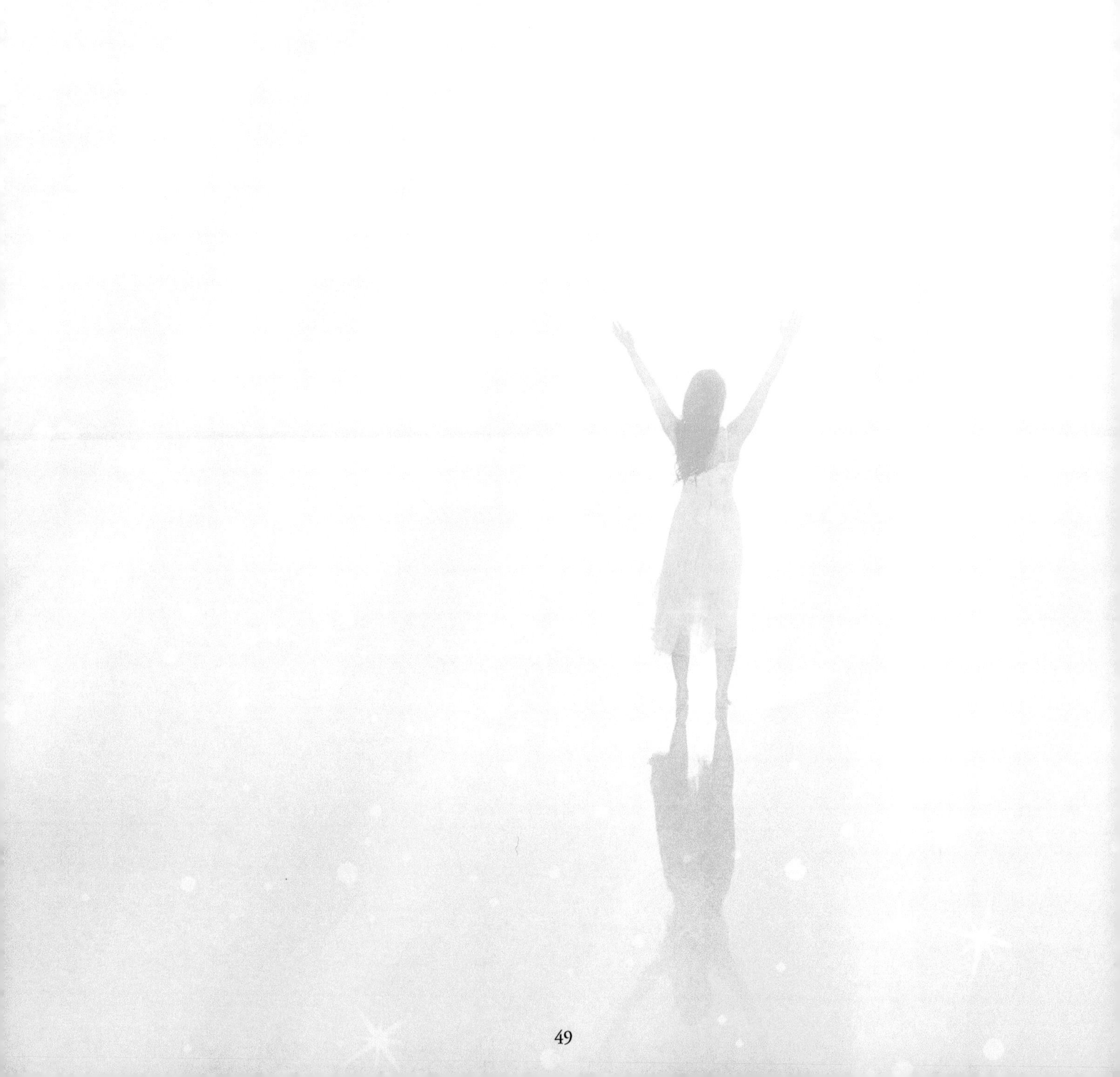

Printed in the United States
By Bookmasters